gelesen

Claudia Filker

10 1/2 gute Gründe, es nicht mehr allen recht zu machen

BRUNNEN
VERLAG GIESSEN · BASEL

5. Auflage 2009

www.brunnen-verlag.de
Lektorat: Petra Hahn-Lütjen
Umschlagfoto: PhotoDisc, Hamburg
Umschlaggestaltung: Ralf Simon
Satz: DTP Brunnen
Herstellung: CPI – Ebner & Spiegel, Ulm
ISBN 978-3-7655-3768-4

Inhalt

Vielleicht kommt es Ihnen bekannt vor ...

Ein persönliches Wort zu Beginn

Heute Abend hat es sich Ute vor dem Fernsehgerät so richtig gemütlich gemacht. Einfach abhängen vor einem Film, der sie innerlich in eine andere Welt entführen soll. Wenn da nicht an den spannendsten Stellen diese nervtötenden Werbeunterbrechungen wären: Eine schöne Frau springt Ute aus dem Werbefernsehen an und hüpft ihr geradewegs auf die innere Couch. Wenig Stoff lässt eine mehr als tadellose Figur erahnen, pfirsichsamtene Haut strahlt, lockeres wunderbar dichtes Haar streicht sie mit leichter Hand aus ihrem Gesicht, und eine betörende Stimme dringt aus dem Fernsehgerät nicht nur in Utes, sondern in Hunderttausende andere Frauenherzen: „Was soll eine Frau von ihrem Leben erwarten?“, haucht die Schönheit. – Schon diese Frage geht doch einfach unter die Haut, oder nicht?

Und ehe Ute mit Blick auf Jogginghosen-Udo, der sich schräg links von ihr am Computer ergötzt, zu irgendwelchen tiefgründigen Gedanken ansetzen kann („Ach, ja, schluchz, schnief, was habe ich denn überhaupt noch von meinem Leben zu erwarten?“) wird sie von der Werbeschönheit schon eingeholt:

„Alles!“, haucht die Dame auf dem Bildschirm.

Wie – „Alles“? Ja, doch wirklich. Ute kann einfach *alles* vom Leben erwarten! Wie konnte sie das nur vergessen!? Aber sicher doch, wer wollte sich auch mit weniger zufrieden geben?

Nur noch wenige Sekunden und Ute erfährt, wer sie auf diese Fährte „Erwarte alles!“ lockt: Natürlich, eine große Kosmetikkette mit ihrer neuen, viel versprechenden Falten reduzierenden Tagescreme.

Okay, schon kapiert. Es geht mal wieder um raffinierte Werbestrategien, Absatzmärkte, zielgruppenorientiertes Marketing. Zufrieden kuschelt sich Ute in ihre Couchkissen, lässt die Schönheit auf dem Schirm Claudia Schiffer oder sonst wie heißen und verscheucht tapfer all die Gedanken, Wünsche und Sehnsüchte, die diese Stimmen um sie herum wecken.

Aber wie lästige Mücken umkreisen sie ihre Nase, denn leider hat sie bei Licht das Fenster offen gelassen, pardon, sie ist auch nur ein Mensch ... und alle Werbepsychologen wissen doch genau, wie sie uns zielgenau erwischen.

Und schon sind wir mitten im Thema „10 ½ gute Gründe, es nicht mehr allen recht zu machen“. Denn die Erwartungen, die durch wen oder was auch in uns geweckt werden und uns so viel versprechen, sind nur die Kehrseite der Medaille: nämlich der Erwartungen, die an uns gestellt werden. Zuspruch ist Anspruch.

Zum Beispiel solche Sätze:

„Mach mehr aus deinem Typ, du bist doch wer.“

„Du kannst alles für deine Schönheit tun.“ Das klingt doch verlockend, nach einer positiven Erwartung.

Nur schlecht, wenn uns falsche Schönheitsideale in den Griff nehmen. Du kannst schön sein, du kannst schlank bleiben – aber wehe, du bist es nicht! Du kannst – also musst du auch! Der Zuspruch wird zum Anspruch.

Und mit dem ist gar nicht immer so leicht umzugehen. Da lassen sich die so genannten überflüssigen Pfunde nicht so leicht wie erwartet vertreiben, und die Falten gesellen sich mit der Zeit unbarmherzig, aber unübersehbar dazu.

Ist es nicht ein interessantes Detail der Statistik, dass 1972 nur 25% der Frauen mit ihrem Körper unzufrieden waren, 1996 aber schon mehr als doppelt so viel, nämlich 56%!

Oder: „Entdecke deine Möglichkeiten ...“

Eine verlockende Erwartung: endlich Familie, Kinder, Mann, Beruf unter einen Hut zu bekommen. Pech, wenn der Hut dann so voll gepackt ist, dass wir ihn gar nicht mehr auf unseren Kopf bekommen.

Alle scheinen alles zu erwarten ... und schon hat die Erwartungsfalle zugeschnappt.

Weil unser Leben so kostbar ist ...

... und weil wir unser Leben nur einmal leben können, lohnt es sich so sehr darüber nachzudenken, wer und was unsere Vorstellungen und Ideale von einem gelingenden Leben bestimmt. „Das Leben ist stressreicher und komplizierter geworden“, sagt die Wissenschaft – und die muss es ja wissen; wird doch laufend die Bevölkerung nach ihrem Stresserleben und dem Zufriedenheitsgefühl befragt und untersucht. Und eigentlich merken wir es alle Nase lang selbst, dass die Schnelllebigkeit und Unübersichtlichkeit unserer Zeit uns ganz schnell in den

Griff nimmt. Stress beherrscht viele als Gefühl des Überfordertseins. Stress ist Erwartungsdruck pur: „Nicht *ich lebe*, sondern ich werde gelebt, ich reagiere nur noch, ich hechele hinterher und habe häufig das Gefühl, anderes zu wollen, als ich momentan kann", so beschreibt eine junge Frau ihr – und damit wohl ein verbreitetes – Lebensgefühl.

Lifestyle-Architekten, Trendsetter – und nicht zuletzt die Wirtschaft – treiben den Erwartungsdruck und dringen in unser Leben ein. Nicht dass uns dies immer oder auch nur annähernd bewusst wäre, aber die Stimmen dringen tief: „Mach mehr aus deinem Typ", „Fit for fun", „Verpass das Leben nicht". Schrill und laut tönt es über unsere Köpfe hinweg und dringt doch so tief in unsere Seele.

Was wir schnell aus dem inneren Auge verlieren: Wir sind viel weniger den Umständen und dem Erwartungsdruck ausgeliefert, als wir oft denken!

Natürlich können wir uns den Veränderungen unserer Zeit nicht entziehen, aber wir können unser Leben stärker selbst gestalten und bestimmen, als wir oft ahnen, und dann unsere eigenen Vorstellungen auch in die Tat umsetzen.

„Millionen sehnen sich heute nach Unsterblichkeit. Aber sie wissen nicht, was sie mit sich selbst an einem verregneten Sonntagnachmittag anfangen sollen." Wie treffend formuliert von einer britischen Kolumnistin (Psychologie heute compact 4, S. 33, 1999).

Das Leben ist so kostbar! Zu kostbar, um eines Tages zurückzublicken und dann sagen zu müssen: „Schade, hätte ich doch …", wie die ältere Dame in dem folgenden Gedicht festgehalten hat:

Ein zweites Mal

Könnte ich mein Leben noch einmal von vorn beginnen,
würde ich versuchen mehr Fehler zu machen.

Ich würde alberner sein, würde ganz locker werden,
nur noch ganz wenige Dinge ernst nehmen.

Ich würde entschieden verrückter sein
und weniger reinlich.

Ich würde mehr Gelegenheiten beim Schopfe packen
und öfter auf Reisen gehen.

Ich würde mehr Berge ersteigen,
mehr Flüsse durchschwimmen
und mehr Sonnenaufgänge
auf mich wirken lassen.

Ich würde mehr Schuhsohlen durchlaufen,
mehr Eis und weniger Bohnen essen.

Ich würde mehr echte Probleme
und weniger eingebildete Nöte haben.

Wie Sie bemerkt haben werden,
war ich eine von denen,
die vorsorglich, vernünftig und gesund leben,
Stunde für Stunde,
Tag für Tag.

Nun, ich habe meine verrückten Augenblicke,
aber, wenn ich noch einmal von vorn anfangen könnte,
würde ich mehr verrückte haben –
genau gesagt, Augenblicke,
einen nach dem anderen,
und nichts mehr halten
von Plänen zehn Jahre voraus.

Wissen Sie, ich bin eine von denen,
die für alle Fälle Thermometer, Wärmflasche,
Gurgelwasser, Regenmantel und Fallschirm
bei sich haben.

Hätte ich ein zweites Leben,
ich würde das alles zu Hause lassen.

Gertrud, 83 Jahre (leicht gekürzt, Quelle unbekannt)

Wir sind so oft getrieben und auch zerrieben unter diesem inneren und äußeren Erwartungsdruck, weil wir uns unter der Beweispflicht „Ich bin wer!“ fühlen.

Der Priester und Pastoraltheologe Henri Nouwen schreibt über die tiefe Würde des Menschen: „Wenn wir doch begreifen würden, was wir als Menschen immer schon wert sind!“

Ich bin wertvoll vor Gott, unendlich wertvoll! Was für ein anderes Lebensgefühl könnte von dieser Gewissheit ausgehen, wenn wir diese Stimme in unser Herz rutschen ließen.

1. Grund: „Weil ich es ja doch nicht allen recht machen kann“

Warum Erwartungen uns manchmal gefangen nehmen

Kommt es Ihnen bekannt vor?

„Ich krieg jetzt schon eine Krise, wenn ich nur an unsere Silberhochzeit denke!“, stöhnt Elke und rauft sich nicht nur innerlich die Haare. „Am liebsten würde ich mir Peter schnappen und einfach nur abhauen. Auf die Balearen. Oder was ganz Verrücktes machen: eine Woche New York. Das war schon immer mein Traum.“ Schon beim Ausspruch des verführerischen Städtenamens legt sich ein Glanz auf Elkes Gesicht.

„Und warum macht ihr's nicht?“ Ihre Freundin Gabi stellt manchmal so schlichte Fragen.

„Wie, warum machen wir es nicht?! Du hast ja keine Ahnung! Die Verwandtschaft verteilt doch jetzt schon unsere Betten zum Übernachten beim großen Fest untereinander.“

„Lass deine Sippe doch in euren Betten schlafen, und ihr haut wirklich ab. Dann sind noch zwei Betten mehr frei.“

Als Elke merkt, wie ernst es Gabi mit ihrer Frage ist, tritt Elke auf die Notbremse: „Unmöglich, das kann ich nicht machen. Was sollen die Leute sagen? Wir waren doch auch schon auf so viel Festen eingeladen und außerdem – in unserer Familie ist das einfach üblich."

Sind Sie eher der Gabi- oder der Elketyp? Schauen Sie immer wieder auf das, was wohl die Leute von Ihnen erwarten, was sie wohl sagen und denken, oder ziehen Sie doch eher „Ihr Ding" durch?

Sie planen den Kindergeburtstag Ihres Achtjährigen. Von den vergangenen drei Geburtstagen, auf denen er eingeladen war, kam er nach Hause mit einem Tiefkühlbeutel prall gefüllt mit Spielzeug-Kleinschrott. Fußbodenfüller. Staubsaugerkiller. Furchtbar und bei der nächsten Gelegenheit heimlich von Ihnen entsorgt. Und – werden die kleinen Gäste Ihres Sohnes mit leeren Händen nach Hause gehen?

Sind Sie der Elke-Typ? Dann tun Sie es natürlich nicht! Sie füllen die Tüten mit nutzlosem Zeug, weil's alle von Ihnen erwarten: Ihr Sohn, die kleinen Gäste, vielleicht auch die abholenden Mütter, die selbst ja kräftig in die Tasche gelangt haben, um die Tüten zu füllen. Oder?

Einfach aus der Rolle fallen, Erwartungen nicht erfüllen … wenn das so einfach wäre! Und dabei gehört Geburtstagsramsch doch zu den Peanuts!

Dass vor allem Frauen Dinge tun oder auch lassen, weil irgendjemand auf dieser Welt es eben so erwartet, die Umstände eben so sind, frau doch nicht einfach aus der Rolle fallen kann – das ist das alltägliche Geschäft.

Ohne Frage: Unser Leben ist angefüllt mit Erwartungen, die andere Menschen an uns stellen: unsere Familie, die Kollegen, die Menschen in der Gemeinde, die Nachbarn – Erwartungen sind wie Klammeraffen. Sie hängen sich an unser Leben und werden von uns mitgeschleppt.

Andererseits ... warum denn auch nicht? Es birgt doch gewisse Vorteile, das zu tun, was andere von einem erwarten:

Gewinneffekte

Es ist für das Zusammenleben eine sehr nützliche Einrichtung, dass sich Menschen auf einen gewissen Verhaltenskonsens verständigen. Wir brauchen für das Zusammenleben ein bestimmtes Maß an Übereinkünften, und wir brauchen Verlässlichkeiten in unseren Beziehungen. Meine Kinder erwarten eine warme Mahlzeit, wenn sie aus der Schule kommen. Das dürfen sie ruhig. Der Döner von der Frittenbude um die Ecke bleibt Mutters Notreserve. Ich bin auch froh, dass ich nicht jeden Morgen darum bangen muss, ob mein Mann nun die Kurve kriegt und seinen Weg ins Büro findet und am Ende des Monats wieder Geld auf unser Konto fließt. Natürlich habe ich diese Erwartung an meinen Mann.

Menschen, die zuverlässig – also im besten Sinne berechenbar – sind, tun doch gut und entlasten das Zusammenleben von einigem Stress.

Erwartungen, die an uns gerichtet werden und die wir versuchen zu erfüllen, geben aber nicht nur den anderen ein Gefühl der Sicherheit und machen uns vertrauenswürdig. Der Mensch, der die gestellten Erwartungen erfüllt, bekommt selbst ein Gefühl von Sicherheit. Erwartungen sind eben nicht nur lästige Klammeraffen, die wir abschütteln möchten, sondern auch wie Kleider, in die man hineinschlüpfen und in denen man sich ja auch durchaus wohl und geborgen fühlen kann:

+ Wer Erwartungen erfüllt, weiß, was er zu tun hat. Man hat seine Spur.
+ Wer Erwartungen erfüllt, kann in der Regel mit einem gewissen Maß an Anerkennung rechnen.
+ Wer Erwartungen erfüllt, lebt relativ risikoarm.

So weit, so gut. Oder eben nicht nur gut:

Verlustzone

Menschen, deren Lebensenergie sich darauf richtet, die Erwartungen anderer zu erfüllen, laufen in der Regel rund (von unkontrollierten Wutausbrüchen und regelmäßigen Nörgelattacken einmal abgesehen), sie funktionieren, haben wenig Ecken und Kanten, bleiben meistens aber leider erheblich unter ihren eigentlichen Möglichkeiten. Sie re-agieren auf andere, statt selbst zu agieren, und haben doch in sich eine manchmal nur mühsam zurückgehaltene Sehnsucht nach authentischem Leben.

Ihr ständiger Begleiter ist ein schlechtes Gewissen, das sich mit großer Zuverlässigkeit bei allen möglichen Gelegenheiten meldet.

Der amerikanische Verhaltenstherapeut Arnold Lazarus spricht von der Tyrannei des „du sollst“, unter die sich viele Menschen stellen und daraus den permanenten

Anforderungsanspruch an sich ziehen: „Ich muss meine Sache unbedingt gut machen" (Arnold A. Lazarus, Clifford N. Lazarus, Der kleine Taschentherapeut, Stuttgart, 1999, S. 33). So entstehen starke Anspannungsgefühle.

Entwicklungsmöglichkeiten

Menschen unter hohem Erwartungsdruck haben das Lebensgefühl gelebt zu werden, nicht authentisch zu leben. Authentisches Leben? Ist das nicht ein großes Wort, vielleicht sogar ein Modewort? Ein Begriff für Menschen, die es sich leisten können, viel zu philosophieren, und die über ein dickes Sparkonto verfügen? Spielzeug für den Wohlstandsmenschen?

Ich denke nicht. Authentisch leben bedeutet doch: Ich höre darin die Einladung, mich selbst endlich so wertvoll zu sehen, wie Gott mich schon lange sieht, und deshalb ist es gut …

… bei sich zu sein, sich selbst mit den Wünschen und Sehnsüchten, mit den Grenzen aber auch Möglichkeiten zu spüren und nicht nur zu funktionieren, wie es dem Erwartungsgespinst, das sich im Leben entwickelt hat, entspricht.

… die eigenen Überzeugungen zu klären und immer wieder zu prüfen, wofür es sich lohnt, die Lebensenergien einzusetzen.

… die Beziehungen zu den Menschen eigenverantwortlich zu gestalten und nicht nur darauf zu warten, dass sich die anderen verändern.

Authentisches Leben ist kein autonomes, von anderen Menschen isoliertes Leben, auch nicht die Sehnsucht nach unbeschwertem Leben, erst recht nicht die Sehnsucht nach dem einfacheren, unkomplizierteren Leben, sondern ein Leben, das immer wieder das Gespräch sucht: mit Gott, mit den Menschen, die Bedeutung im eigenen Leben haben, mit sich selbst. Die Sehnsucht nach authentischem Leben bleibt, auch wenn wir bestimmte Zwänge und Bindungen im Leben akzeptieren und annehmen müssen. Die Sehnsucht bleibt, mag auch die Lebenssituation ganz unterschiedlich sein: Ob für die berufstätige allein stehende Frau, die allein erziehende Mutter, die mühsam den Lebensunterhalt herbeischafft, oder für die Mutter und Vollzeit-Familienfrau, die sich für den zeitweiligen Ausstieg aus dem Beruf entschieden hat. Die Lebenssituationen sind so vielfältig.

Buchstabieren Sie doch einfach einmal Ihren Alltag auf der oben genannten „Folie des authentischen Lebens“ durch. Sie werden Entdeckungen machen, die nach Veränderung rufen. Garantiert!

Veränderungen beginnen mit einem ersten Schritt und nicht mit einem „eigentlich müsste ich …“.

„Ständig tun, was andere sagen“? – Schluss damit!

Fragen, die sich lohnen

Überprüfen Sie mit den nachfolgenden Fragen Ihre Lebenssituation. Gehen Sie Ihre verschiedenen Lebensbereiche durch. Sie werden Entdeckungen machen. Garantiert!

- ? Muss ich das, was ich tue, eigentlich tun?
- ? Was würde passieren, wenn ich es nicht mehr täte?
- ? Warum tue ich etwas, was ich mir eigentlich erträume, nicht?
- ? Wer oder was hindert mich daran, es zu tun?
- ? In welchen Situationen fühle ich mich besonders unter Druck?
- ? Durch welche Menschen fühle ich mich unter Druck gesetzt?
- ? Wann und wo fühle ich mich häufig unwohl, fehl am Platz?
- ? Ein schlechtes Gewissen habe ich besonders, wenn …

2. Grund: „Weil ich Abschied nehmen will von der Superfrau"

Warum Perfektionismus so anstrengend ist

Kommt es Ihnen bekannt vor?

Eine Einladung bei Britta zum Abendessen ist garantiert immer ein Genuss. Kommen Sie ruhig zehn Minuten früher. Das macht nichts. Die Küche strahlt wie im Katalog. Die Kerzen brennen und hüllen das geschmackvoll eingerichtete Wohnzimmer in ein angenehmes Licht, alle Möbel und Accessoires sind stilsicher aufeinander abgestimmt. Und Britta selbst? Ein Augenschmaus! Das Haar gekonnt leger frisiert, die klassisch-sportive Kleidung Ton in Ton, der dezente Schmuck – einfach passend. Und das Essen … garantiert ein Gaumenschmaus vom Feinsten und niemals eine Wiederholung. Wie macht Britta das nur?!

Frauen wie Britta umgibt die Aura der Superfrau – und sie neigen zum Perfektionismus. Sie stellen viel auf die Beine, sie sind bewundert und führen doch ein ungeheuer anstrengendes Leben. Denn perfektionistisch denkende Menschen haben das untrügerische Geschick, in ihrem Leben ständig neue Bereiche zu entdecken, in denen es Vollkommenheit zu erstreben gilt: als Mutter, Ehefrau, im Beruf … Sollte nicht dringend noch etwas für die Fitness getan werden, wie steht es mit dem Gewicht und der gesunden Ernährung? Die moderne Frau hat natürlich politisch auf dem Laufenden zu sein und das Engagement im Literaturcafé oder im Elternbeirat ist selbstverständlich unterster Standard, ein Muss für jede engagierte Frau bzw. Mutter. Ach ja, mit den Englischkenntnissen hapert es aber gewaltig. Schon lange ist eine Auffrischung bei der Volkshochschule in Planung. Und die Augenfältchen, die müssen spätestens ab Vierzig bekämpft werden.

Übrigens: Die Perfektionistin beschränkt ihre Bemühungen natürlich nicht auf die eigene Person, sondern weitet sie angestrengt aus: Gibt's denn nicht auch bei Mann, Tochter, Sohn, Kollegin vieles zu verbessern? Treffend formuliert die Autorin Marion Buchheister: „Perfektionistinnen sind, haben und machen anderen Probleme."

Gewinneffekte

Die Superfrau hat immer etwas zu tun. Wie praktisch. Das erspart so manche Gedanken über Gott und die Welt und vor allem über sich selbst. Sie darf sich in vielen Bereichen der Bewunderung ihrer Mitmenschen sicher sein – auch wenn diese nicht mit Zuneigung verwechselt werden darf.

„Wie schaffst du das nur!", heißen die ersehnten Streicheleinheiten. Auch wenn perfektionistische Frauen oft leicht unterkühlt, unabhängig wirken, sie ersehnen nichts mehr, als geliebt zu werden.

Leider werden perfekte Menschen eher bewundert als geliebt.

Und doch sind sie wichtig. Auch in diesem kuriosen Sinne:

„Wenn du etwas erledigt haben möchtest, dann wende dich an jemanden, der bereits viel zu tun hat" (Psychologie heute, compact 4, S. 26, 1999). Diese Perfektionismus-Falle hat jedoch auch eine positive Seite: Zuverlässigkeit und Treue sind die liebenswerten Schwestern des Perfektionismus.

Verlustzone

Perfektionismus und Aktionismus gehen meist Hand in Hand. Perfektionisten führen ein unruhiges Leben. Aber: Wer die Stille meidet, kommt nicht an.

„Spaß an der Freude" ist für Superfrauen ein Fremdwort. Sie leben ein verspanntes Leben, sind eingespannt in den Erwartungsdruck, der vielfach selbst gemacht ist. Leben unter Druck. Es ist die Leistung, die zählt. Unter Leistungsnachweisen können saubere Fensterscheiben, beeindruckende Fitnessleistungen, geratene Kinder, Erfolg im Beruf verbucht werden.

Perfekte Frauen haben oft eine starke Ausstrahlung, laufen aber in der Regel ihren eigenen sehr hoch gelegten Idealen hinterher. Sie streben etwas an, weil sie sich als nicht fertig, nicht genügend empfinden. Es ist ein Teufelskreis: Perfektionistinnen erfahren sich permanent an der Grenze, außer Puste, unter Strom.

Niederlagen und Misserfolge werden nicht als Chancen des Wachstums gesehen.

Perfekte Frauen haben übrigens nicht nur ein Problem mit ihrer eigenen nie enden wollenden Unvollkommenheit. Sie haben natürlich auch ein Problem mit der nicht enden wollenden Liste der Mängel ihrer Mitmenschen. Denn war kann es Perfektionisten schon recht machen?

Übrigens: Perfektionismus ist ein bewährter Weg zum Unglücklichsein, oder kennen Sie eine glückliche, zufriedene Perfektionistin?

Entwicklungsmöglichkeiten

Perfekte Frauen sind Frauen, die ihre Zeit im Griff haben. „Armbanduhren werden wie Handschellen getragen" (Psychologie heute compact 4, 1999, Sich Zeit lassen, S. 27).

Muße ist ihnen eher fremd und ein bisschen unheimlich. Ihre Zeit ist gemanagte Zeit, gut geplant und randvoll ausgeschöpft. Entdecken Sie die Antreiber in Ihrem Leben. Trainieren Sie, Zeiten bewusst wahrzunehmen. „Es gibt eine Zeit zum Fischen und eine Zeit, die Netze zu trocknen" – perfekte Frauen dürfen die Zeiten des Netzetrocknens ganz neu entdecken.

! Planen Sie Ruhezeiten bewusst ein. Sie ergeben sich für Superfrauen nicht von selbst: Die kleinen Momente der Stille im Alltag wahrnehmen, in der Einkaufsschlange nicht ungeduldig von einem Fuß auf den anderen treten, sondern einfach durchatmen –

der Alltag steckt voller überraschender Momente um Innezuhalten.

! Lernen Sie in der Zeit zu leben. Weil Perfektionistinnen ja noch so viel erledigen wollen (sie packen sich ja hinten drauf, was sie vorne gerade abgebaut haben), sind sie oft nicht bei der Sache: „Ich mach das mal eben, das schaff ich schon noch“ schafft Anspannung. Die Achtsamkeit des Lebens ist neu zu lernen: „Wer nicht genießen kann, ist auch nicht zu genießen.“

! Wer mit Genuss z.B. ein Kind abends ins Bett bringt, die Gute-Nacht-Geschichte vorliest, Zeit hat zum Erzählen, wird mit dem Kind zur Ruhe kommen. „Dafür müsste man eigentlich Vergnügungssteuer zahlen“, pflegt mein Mann immer zu sagen. Wie Recht er hat! Man muss es nur entdecken.

„Ein essenzielles Element der Lebenskunst ist Gelassenheit – nicht immer nur Machen und Bewusstmachen, sondern auch das Lassen, das stille Genießen, das Zurechtkommen damit, dass ich nicht über alles beliebig verfügen kann und manches auch einfach hinnehmen muss.“ Das sagt der Philosoph Wilhelm Schmid in einem Interview zum Thema „Lebenskunst“. (Psychologie heute 7/96, S. 24).

! Schaffen Sie sich in Ihrem Alltag Rituale. Manchmal kann man ganz neu entdecken, dass eine Viertelstunde der Stille am Morgen, ehe die anderen Familienmitglieder in den Tag hineinstürmen, dem Tag einen guten Auftakt gibt.

! Das, was nichts nutzt, ist deshalb lange noch nicht

sinnlos. Perfekte Frauen sind stets in der Gefahr, auch ihre Freizeit effektiv zu nutzen. („95% der Menschen gehen in ihrer Freizeit leistungs- und aufgabenbezogenen Aktivitäten wie Rasenmähen, Sport oder Heimwerken nach.“ (PH compact 4, Sich frei nehmen, S. 31, 1999)

Die Freizeit sinnvoll zu planen und nicht nur einfach sich im seligen Nichtstun zu ergehen, fällt nicht nur Perfektionistinnen schwer. „Müßiggang ist aller Laster Anfang“ hat jede Superfrau in ihr Herz gestickt.

Perfektionistinnen dürfen lernen, „freie“ Zeiten auch mal auf sich zukommen zu lassen und nicht alles zu verplanen. Perfekte Frauen sind häufig unflexibel.

! Entdecken Sie neu das „hier und jetzt“. Verschieben Sie nicht alle Träume auf den St. Nimmerleinstag und bekommen Sie einen Blick dafür, welche Träume sich in Ihrem Leben schon längst erfüllt haben. Denn perfektionistisch ausgerichtete Menschen schauen zu leicht immer nur nach vorn – auf die Dinge, die noch zu erreichen und zu erledigen sind. Sie haben oft wenig Freude an den Dingen, die erreicht wurden, Träume, die Wirklichkeit wurden.
Weil perfekte Frauen so schlecht genießen können, verpassen sie so unendlich viel Schönes in ihrem Leben, wofür es sich lohnt zu danken.

! „Wenn ich seh' den Himmel, deiner Hände Werk, den Mond und die Sterne, die du gemacht ...“, so jubelt der Psalmbeter in Psalm 8 – er hat ein Auge für alles Schöne. Das Problem der perfekten Frauen ist: Sie gucken nicht mehr richtig hin, sie fühlen sich getrieben, schauen und staunen nicht, und haben es deshalb oft so schwer, dankbar zu sein.

! „Was du heute kannst besorgen, das verschiebe nicht auf morgen“ – perfekte Frauen lieben diesen Satz und setzen ihn täglich in die Tat um. Immer schnappt sie zu, die Denkfalle: Wenn ich das erst einmal geschafft habe, dann ... (geht es mir besser, ruh ich mich aus, hab ich es geschafft ...). Doch hinter der Kurve liegt dann nicht das Ziel, sondern der nächste Anstieg. „Was du heute kannst besorgen ...“ erweist sich als ein Sisyphus-Motto für perfekte Frauen. Es gibt eben kein „Fertig“, kein „Es ist geschafft!“.

! „Leben heißt, nicht alles haben zu können, sondern sich entscheiden zu müssen und den Verlust zu akzeptieren.“ – Dies ist ein Kleb-es-an-den-Spiegel-Merksatz für Perfektionistinnen.

Fragen, die sich lohnen

? Ertappen Sie sich auch oft dabei, dass Sie mit Ihren Gedanken schon bei der nächsten Aktion sind?

? Lieben Sie Listen, Terminkalender?

? Haben Sie oft ein schlechtes Gewissen beim Nichtstun?

? Was ist für Sie wirklich entspannend? (Kontrollfrage: Sind Sie dabei wieder in Aktion?)

? Mit welchem Gefühl legen Sie ein klassisches Frauen-, Schöner-Wohnen- oder Gartenmagazin aus der Hand?

3. Grund: „Weil ich endlich aufhören will, mich ständig mit andern zu vergleichen"

Warum Neid uns so viel nimmt

Kommt es Ihnen bekannt vor?

Mal ehrlich, wann haben Sie sich das letzte Mal bei einem dieser Gedanken ertappt:

- „Warum ist eigentlich der Rasen des Nachbarn immer grüner als der eigene?"
- „Warum sind die Kinder der Freundin in der Schule so viel erfolgreicher als die eigenen und können darüber hinaus auch noch reizend Klavier spielen?"
- „Warum kommt die Kollegin Frau S. immer so locker mit dem Chef ins Gespräch, während ich noch fünf Minuten nach dem Zusammentreffen mit ihm nach der passenden Antwort suche?"
- „Warum kleidet sich die Nachbarin auf so lässig leichte Art umwerfend geschmackvoll, während ich irgendwie das Gefühl nicht loswerde, dass das, was ich trage, immer einen biederen Beigeschmack hat?"

Schön*er*, schnell*er*, klüg*er*, wohlhabend*er*, glücklich*er* – der Erwartungsdruck fängt so oft mit diesen beiden fatalen kleinen Buchstaben an, die an Eigenschaftswörter angehängt werden: „-er". Neid lebt vom endlosen Vergleichen. Und das Fatale ist, dass es wirklich nichts gibt, um das man die anderen nicht beneiden könnte. Der Benediktinermönch Anselm Grün schreibt: „Wer sich mit anderen vergleicht, hinkt ihnen immer hinterher. Denn es gibt immer Fähigkeiten bei anderen, die ich nicht besitze." (Anselm Grün, Gut mit sich selbst umgehen, Mainz. 1999, S. 29)

Jede Beziehung und Begegnung kann den Nährboden für Neidgefühle bieten: Beneidet werden Schwestern, andere Schulmütter, Teammitglieder, Freundinnen. Mit anderen Worten: Neid entsteht vor allem durch Nähe und soziale Kontakte. Beziehungen schaffen potenziell Neider und Beneidete.

Neid produziert im Gleichtakt Mangelgefühle und Erwartungen, was anders werden müsste; gleichzeitig legt sich Unzufriedenheit wie Mehltau auf die Seele.

Wer neidorientiert denkt, verfällt dem großen Irrtum, es gäbe einen Status, der uns zufrieden sein lässt. Entsprechende Irrtumssätze lauten:

– Wenn erst einmal …
– Hätte ich doch …
– Könnte ich doch auch …, ja dann wäre ich glücklich!

Irrtum! Egal wie schön, gebildet, wohlhabend, erfolgreich ein Mensch ist, es wird immer jemanden „über" ihm geben. Also rückt die innere Zufriedenheit See(len)meilen weit weg.

Erfolg gleich welcher Schattierung bringt nicht automatisch Gelassenheit mit sich. Die Schwimmerin Franziska van Almsick feierte bei den Europameisterschaften 2002 ihr großes Comeback als Leistungssportlerin. In einem Interview beschreibt sie eindrücklich ihr Lebensgefühl in den Jahren davor: „Ich hatte lange Zeit so eine Art Trauma. Das hat sich irgendwann bei mir eingenistet. Das Trauma war, dass ich ab einem gewissen Zeitpunkt nur noch gewinnen durfte. Wenn ich Zweite wurde, hatte ich schon verloren." (Frankfurter Allgemeine Zeitung, 22.12.02, S. 13). So viel zum Thema zufrieden sein können.

Gewinneffekte

Beim Thema Neid lässt sich nur schwer ein Gewinnbereich ermitteln. Im besten Fall ziehen wir Gewinn aus der sozusagen „im Grenzbereich des Neides" liegenden (ehrlichen) Bewunderung und dem daraus resultierenden Ansporn. Dinge, Fähigkeiten usw. bei jemand anderem zu entdecken, der in einer ähnlichen Lebenssituation ist, kann eben auch Mut machen, endlich selbst erste neue Schritte zu wagen. Neidgefühle können also im besten Fall einen Hinweis auf eigene Entwicklungspotenziale geben. Bewunderung kann positiv umgesetzt werden:

+ Eine Freundin treibt regelmäßig Sport, obwohl sie genauso viele Gründe wie man selbst vorbringen könnte, es nicht zu tun. Mutig gehen Sie jetzt einfach mit ...
+ Die ordentliche Wohnung der Freundin hat bei Pia so oft Neidgefühle hervorgerufen. Doch dann hat Pia das offene Gespräch mit ihrer Freundin gesucht und

einen ganzen Blumenstrauß sehr hilfreicher Tipps für gute Organisation in der Haushaltsführung von ihr bekommen.

Die Psychotherapeutin Verena Kast weist auf einen sympathischen Nebenaspekt des Neides hin: Neben einer Überforderung durch falsche Erwartungen, die man sich wie Fesseln anlegt, gibt es ja auch eine Lebenshaltung des Zu-wenig-Erwartens vom eigenen Leben und dem, was die Zukunft für einen bereithält. Der Neid – so Verena Kast – kann uns deutlich machen, dass wir vielleicht doch zu wenig aus uns machen. (Verena Kast, Aufbrechen und Vertrauen finden. Die kreative Kraft der Hoffnung, 2002, Freiburg, S. 63)

Verlustzone

Die Neiderin verliert auf weiten Strecken:

- Die eigene Lebenswirklichkeit, der Reichtum des eigenen Lebens, der eigenen Qualitäten, wird nur verzerrt wahrgenommen und bestimmt nicht dankbar genossen.
- Neid verdunkelt die eigenen Gefühle und setzt unter enormen Erwartungsdruck.
- Beziehungen sind gegenüber Neid äußerst störanfällig. Die Bibel widmet diesem verhängnisvollen Thema Platz schon auf ihren ersten Seiten: Die Geschichte von Kain und Abel ist eine „Was-passiert-wenn-der-Neid-siegt-Geschichte“. Furchtbar: Neid bringt im schlimmsten Fall sogar den Tod.

Wir sollten also achtsam mit uns umgehen und schauen, wo sich neidische Gedanken bei uns einnisten.

Das beginnt damit, dass wir nicht zu schnell sagen „Neid ist nicht mein Thema". Neid verbirgt sich so manches Mal hinter einem subtilen Abwerten anderer, etwa in Sätzen wie: „Nimmt die sich wichtig!", „Wie die sich herausputzt" usw.

Entwicklungsmöglichkeiten

„Gott, ich danke dir, dass ich so wunderbar gemacht bin", jubelt der Psalmbeter (Psalm 139,14). Ich bin wer! Zufriedenes und gelingendes Leben wurzelt in diesem Lebensgefühl: Ich bin wer, vom Schöpfer ausgestattet mit vielen Begabungen und einem enormen Potenzial.

Dank hat eine reinigende Funktion, er macht den inneren Blick klar für diese Wirklichkeit Gottes. Wer vom Neid getrieben wird, missachtet – letztlich – sich selbst und denkt gering von sich.

Entdecken Sie Ihre tatsächlichen Entwicklungspotenziale. Neidgefühle können dafür ein hilfreiches Barometer sein.

Menschen, die sich permanent unter Erwartungsdruck fühlen, der durch Neidgefühle verstärkt wird, leiden an einer weit verbreiteten Mangelkrankheit: Liebeshunger.

Henri Nouwen schreibt: „Im Laufe der Jahre bin ich zu der Erkenntnis gekommen, dass die größten Fallen in unserem Leben nicht der Erfolg sind, nicht die Berühmtheit und nicht die Macht, sondern die Verachtung seiner selbst." (Henri J. M. Nouwen, Du bist der geliebte Mensch. Religiös leben in einer säkularen Welt, 12/2002, Freiburg, S. 27)

Seien Sie doch mit sich selbst barmherzig und denken Sie gut über sich!

Das fällt nicht leicht; es lässt sich ja nicht einfach im Kopf ein Schalter umlegen. Viele unserer Seelen-„Muskeln“ sind ja gewissermaßen darauf trainiert, auf Konkurrenz- und Vergleichssituationen zu reagieren. Unser ganzes Leben ist davon geprägt. Ein erster wichtiger Schritt ist es, dies erst einmal sehr bewusst wahrzunehmen. Die weiteren Schritte sind Trainingseinheiten, diesen Glauben ganz bewusst aufzunehmen: „Ich bin Gottes geliebter Mensch!“ und ihn nach und nach vom Kopf bis ins Herz rutschen zu lassen.

Wir sind als Menschen, so wie wir sind, jede und jeder, Gott ans Herz gewachsen. Wir sind Gott konkurrenzlos wichtig und von ihm geliebt, völlig unabhängig von unseren Leistungen. Das ist eine große Freiheit, die Gottes Geist uns immer und immer wieder einhauchen möchte.

Fragen, die sich lohnen

? Wie schwer oder leicht fällt es mir, für mein Leben zu danken?
? Durch welche Umstände, Personen entstehen Neidgefühle?
? Wo verbirgt sich hinter einem Neidgefühl ein Wachstumspotenzial in meinem Leben?
? Rede ich gut über andere?
? Kann ich Lob gut annehmen?
? Fällt es mir leicht, andere zu loben, positive Rückmeldungen zu geben?

4. Grund: „Weil ich endlich meine Möglichkeiten entdecken und leben will"

Warum wir manchmal viel zu klein von uns denken

Kommt es Ihnen bekannt vor?

Silke ist eigentlich ein braves Kind – und das seit 33 Jahren.

Sie ist das einzige Kind ihrer überaus fürsorglichen Eltern und sie ist mit allerfeinsten Antennen ausgestattet, wie sie es auch wirklich allen recht machen kann ohne aufzufallen. So beschreitet sie eigentlich schon ihr ganzes Leben den lieben, unauffälligen und angepassten Weg. Nach dem Abitur macht sie eine Ausbildung als Verwaltungsangestellte und merkt schon nach kurzer Zeit: „Eigentlich bin ich hier am falschen Platz." Aber hatten ihre Eltern nicht so sehr zu diesem Beruf geraten: „Kind, lern was Vernünftiges und Sicheres." Wie froh ist sie, als sie nach der Geburt ihres ersten Kindes, ohne für Aufsehen zu sorgen, die Behörde verlassen kann – natürlich mit der beruhigenden Rückkehrgarantie. Durch einen

Mutter-Kind-Kreis in einer Gemeinde lernt sie Christinnen kennen. Sie besucht Gesprächskreise, wagt Gedanken zu denken, die ihr bisher fremd und vielleicht ein bisschen beängstigend schienen: „Wer bin ich eigentlich? Wer verbirgt sich hinter der angepassten, braven Fassade?"

Sie wagt es zu träumen und begibt sich dabei auf ein neues Terrain, denn sie verlässt damit – auch wenn es zunächst „nur" gedanklich geschieht – die alten Sicherheiten, die da heißen: Ich tue, was andere von mir erwarten und bin mir daher deren Wohlwollen sicher.

Aber zur gleichen Zeit vernimmt sie immer deutlicher eine andere Stimme. Es ist Gott, dem sie in ihrem Herzen Raum gibt: „Du bist eine besondere Frau!"

„Wir alle sind erfüllt von Träumen von dem, was wir im Leben erreichen möchten, aber wir haben Angst davor, diese Träume zu verwirklichen." (Irene C. Kassorla, Tun Sie's doch! München, 2001, S. 10)

Und Silke beginnt, ihren Traum zu leben: Als Silkes Kinder groß genug sind, um wieder in den Beruf zurückzukehren, geht sie mit allen Konsequenzen den anderen Weg – ihren Weg, der für sie über im Glauben gegründeter Selbstannahme führt. So beginnt sie ein Pädagogikstudium, statt wieder in den alten, ungeliebten Beruf zu gehen. Sie gibt alte Sicherheiten auf und riskiert den Weg ins unbekannte Land.

Gewinneffekte

Frauen, die in engeren Kontakt mit sich selbst, also den eigenen Bedürfnissen, Stärken, Schwächen kommen, können sich besser gegen Grenzüberschreitungen wehren.

Sie entwickeln Mut, nicht mehr an der falschen Stelle zu schweigen, zeigen nicht mehr lange Verständnis, wo ein kritisches Wort richtig am Platz wäre.

Die Psychologin Ursula Nuber benutzt für dieses sich selbst gegenüber wertschätzende Verhalten das Schlüsselwort „Respekt“: „Ich respektiere mich und erwarte, dass andere mir mit Respekt begegnen.“ (Ursula Nuber, Zehn Gebote für anspruchsvolle Frauen, Bern, 2001, S. 21)

Angepasste Frauen sind nicht nur „brav“ und „pflegeleicht“, wie es auf den ersten Blick scheint, sondern haben durchaus ihre ausgeklügelten Muster, z.B. durch Nörgeleien und passive Verweigerung (z.B. sexuelle Unlust) Macht auszuüben. Frauen, die aufhören, andere für sich entscheiden zu lassen, und es üben, sich selbst zu positionieren, gewinnen und sind ein Gewinn, weil sie zufriedener, d.h. mit sich selbst identischer sind.

Aber auch Frauen, die so gar nicht die Aura der unscheinbaren, angepassten Frau haben, sondern eher aktiv und äußerst dynamisch wirken, sind nicht unbedingt näher bei sich und dem Finden des eigenen Stils. Das Frauenmagazin ALLEGRA hatte zu dem Thema „Ich will alles“ fünf Frauen im Alter von 23 bis 32 Jahren eingeladen. Ein bezeichnendes Statement aus dieser Runde: „Durch die vielen Möglichkeiten, die man heute hat, will man viel zu viel wahrnehmen und behindert sich selbst. Manchmal macht man Dinge, die man gar nicht richtig will, nur um nichts zu verpassen.“ (ALLEGRA 5/2001)

Verlustzone

Menschen, die in der Erfüllung der Erwartungen anderer stark außenorientiert leben, können mit einem großes Maß vermeintlicher Wertschätzung rechnen. Aber brave Mädchen sind selten geliebt um ihrer selbst willen, sondern wegen ihrer „bequemen“ Handhabung. Eine Erfahrung, die sich in jedem Klassenzimmer abspielt: Welche Lehrerin bittet schon um ein Elterngespräch, um sich besorgt über die angepasste Schülerin mit der sehr ordentlichen Handschrift und den fein ausgemalten Arbeitsblättern zu beschweren (höchstens eine Bemerkung im Zeugniskopf „Janina könnte sich häufiger ins Unterrichtsgeschehen einbringen“ ließe aufhorchen).

Die Erwartungen an ein gewohntes Maß des Brav– und Angepasstseins nicht mehr zu erfüllen, schafft bei den Nächsten Irritationen, und man wird sicherlich „zurückgepfiffen“ („Mama, warum ist meine Lieblingshose noch nicht aus der Wäsche?“).

Entwicklungsmöglichkeiten

Sind Sie davon überzeugt, dass Sie es wert sind, Neues in Ihrem Leben zu erfahren, neue Seiten an sich zu entdecken, Dinge zu wagen und anzupacken, von denen Sie bisher nur geträumt haben?

Betrachten Sie Ihr Heute. Nüchtern, ehrlich. Haben sich einige der Dinge ereignet, die Sie sich vor ein, fünf, zehn Jahren erhofft haben?

Ja? – Wie ist es dazu gekommen? (s.u.)
Nein, was hat Sie gehindert?
Oder: Haben Sie gar nicht geträumt?

Die Autorin Irene Kassorla (ebd., S. 14ff) nennt die gedanklichen Voraussetzungen, mit denen „Siegen“, d.h. Wahrwerden der Träume möglich ist:

Das kann ich:

! meine Welt verändern
! kreativ sein und Neuerungen durchsetzen
! gesundes Gleichgewicht von menschlicher Wärme und Bestimmtheit ausstrahlen
! die alltäglichen Tätigkeiten mit Freude versehen und sie gerne erledigen
! die Bewunderung und Zustimmung der Menschen, die ich schätze, erlangen
! der Mensch werden, den ich auch bewundern kann
! den vollen Umfang der persönlichen Größe und Kraft erforschen

Menschen mit einem gesunden Selbstwertgefühl haben eine größere Identifikation mit dem Leben, das sie leben, als andere. Insofern ist es ein wichtiger Indikator zu prüfen: Lebe ich das Leben meiner Träume? Zu hoch gestochen? Eigentlich nicht. Ich rede nicht von den vielen Kompromissen, die wir eingehen müssen, sondern von dem, was möglich ist und wir nicht wagen zu leben.

Es ist nicht immer einfach, im Kontakt mit sich selbst zu sein, zu spüren, was man kann, was man will, welche selbst- oder fremdgemachten Fallen einen hindern. Das Ergebnis dieser Kontaktaufnahme ist kein Status, den man irgendwann erreicht hat, sondern ein lebenslanger, hindernisreicher Prozess. Die Psychologin Harriet B. Lerner benennt die Hauptkriterien, um in Beziehung zum eigenen Selbst gut leben zu lernen:

- ! ein ausgewogenes Bild unserer Stärken und Schwächen präsentieren
- ! unsere Überzeugungen, Wertvorstellungen, Prioritäten klar benennen und Verhalten konsequent danach ausrichten
- ! mit Menschen, die uns wichtig sind, emotional verbunden bleiben – auch in Konflikten
- ! schwierige und leidvolle Themen ansprechen
- ! abweichende Meinung ansprechen und anderen das Gleiche gestatten

(Thesen nach Harriet G. Lerner, Zärtliches Tempo. Wie Frauen ihre Beziehungen verändern, ohne sie zu zerstören, Frankfurt/Main, 7/2000, S. 42)

Fragen, die sich lohnen

Haben Sie den Mut zu einer Lebens-Bilanz:

- ? Haben sich Dinge ereignet, die Sie sich vor ein, fünf, zehn Jahren erhofft haben? Warum ja, warum nein?
- ? Welche Lebensziele habe ich für das kommende Jahr, in fünf, zehn Jahren? Bitte werden Sie konkret und überlegen Sie die ersten Schritte der Umsetzung!

5. Grund: „Weil ich noch so viel erwarten darf!“

Warum es ein Gewinn ist, neue Wege zu gehen

Kommt es Ihnen bekannt vor?

Da stand sie – frisch, sehr frei, außerordentlich kompetent und schon fast siebzigjährig. Ich erlebte die ältere Dame vor einiger Zeit als Referentin bei einer großen Frauenveranstaltung. Dreihundert Frauen hatten sich in einem Hotel versammelt und hörten ihr mit großem Interesse zu. Ich war sicher nicht die Einzige, der die grauhaarige Lady dort vorne am Rednerpult den Eindruck vermittelte, dass das, was sie gerade tat, ihr geradezu in die Wiege gelegt wäre, zumindest schon seit Jahren von ihr gelebt und praktiziert wurde. Zweifellos – dort sprach eine selbstbewusste Referentin lebensnah, zupackend, kurzweilig.

Wie erstaunte es mich, nach der Veranstaltung von ihr zu erfahren, dass sie erst seit wenigen Jahren so locker und leicht vor einer größeren Zuhörerschaft steht, jetzt, da sie das Rentenalter schon lange erreicht hat. Sie hätte sich so etwas früher selber nie zugetraut, erwähnte sie fast beiläufig. Aber irgendwann sei sie einfach einmal „abgesprungen“. Vor ihrem ersten großen „Auftritt“ hatte sie fast das „Freier-Fall-ohne-doppelten-Boden-Gefühl“. Aber sie war gelandet. Angekommen bei einer bisher ungelebten Begabung.

Ulrike zieht mit ihrer großen Familie von einer Stadt in eine große andere. Dort suchen sie sich auch eine Gemeinde und finden eine familienfreundliche neue geistliche Heimat, eine Gemeinde, in der Frauen sich nach ihren Begabungen einbringen, ganz und gar. Für Ulrike ist das eine neue, vielleicht sogar erschreckende Herausforderung. „Mir liegt das nicht!“, sagt sie und eigentlich heißt das „Ich denke, ich kann das nicht.“ Frauen in der Gemeindeleitung, in der Leitung des Gottesdienstes, auch als Predigerinnen – so etwas hat man in den Gemeinden, die Ulrike bisher erlebte, Frauen nicht zugetraut. Ulrike hat daraus gemacht: Das traue ich mir nicht zu, das ist nicht mein Ding.

Was für eine Veränderung ist seitdem in Ulrike vorgegangen! Da steht sie zwei Jahre später – zugegeben anfangs immer noch mit zitternden Knien – vor der versammelten Gemeinde und führt freundlich und warmherzig durch einen Gottesdienst. „Das hätte ich mir wirklich nie zugetraut“, staunt Ulrike über sich selbst und die neu entdeckten Gaben.

Gewinneffekte

Leben bedeutet, neue Seiten aufzublättern. Keine Frage: Neue Seiten werden auch ohne mein aktives Zutun aufgeblättert, während meine Lebenszeit unaufhörlich voranschreitet. Die Herausforderung besteht darin, aus einem reaktiven, also einen auf Reize von außen hin reagierenden, in einen aktiven, selbst gestalteten Lebensstil zu kommen, und die Lebens-Seiten mit seiner eigenen selbst-bewussten Handschrift der vorhandenen Gaben, Möglichkeiten, Grenzen zu füllen.

Sicher – unser Leben wird immer auch ein Leben der Kompromisse sein müssen, aber es gibt ein reiches Reservoir ungelebter Möglichkeiten. Selbstbewusstsein und Selbstwertgefühl hängen immer auch an einer „aktiven Lebenseinstellung".

Jeder ist ein einzigartiges Geschöpf! Denken wir doch selbst nicht gering von uns.

Verlustzone

Gewohnte Bahnen geben uns Sicherheit. Eingefahrene Spuren sind vertraut, auch wenn sie nicht zu neuen Wegen, also zu neuem Land führen. Schon beim „1. Grund" haben wir gesehen, wie alte Kleider, die uns scheinbar passen, auch wenn sie noch so abgetragen und unansehnlich sind, wie uns vertraute Wege, auch wenn sie noch so eingefahren sind, Sicherheit geben. Wer sich nicht an Neues heranwagt, geht kein Risiko ein und muss auch nicht mit einer Niederlage rechnen.

Aber das Lebensgefühl ungelebten Lebens legt sich wie Mehltau auf die Seele.

Entwicklungsmöglichkeiten

Viele Menschen schöpfen ihr Reservoir nicht aus.

Erste Schritte auf unentdeckte Felder des eigenen Lebens – so können sie aussehen:

! Lebensphasen/-einschnitte als Chance sehen: Manches Begabungsspektrum ergibt sich in einer neuen Lebenssituation oder kommt in dieser noch einmal neu zum Tragen. Vielleicht entdeckt eine Frau erst durch die Herausforderung, einen fünfköpfigen Haushalt zu führen, dass sie eine erstaunliche Management-Begabung hat. Eine andere Frau beginnt sich in der Schulpolitik zu engagieren. Alles beginnt mit dem Elternbeirat in der 1. Klasse ihres Jüngsten.

! Schaffen wir uns ein Umfeld der Ermutigung. Wenn ich mich weiterentwickele – und das bedeutet immer auch: weiter entdecken will – brauche ich Menschen um mich herum, denen ich mich stelle, die mich kennen, von denen ich Rückmeldung erwarte und auch erfrage.

! Wer weiterkommen möchte, kann selbst ein Mensch sein, der andere fördert. Deshalb gehört die Fähigkeit, Lob und Anerkennung anderen gegenüber auszusprechen, auch dazu.

! Bereitschaft zur Kritik: Sich auszuprobieren bedeutet sich zu riskieren. Ehrliche Rückmeldungen schließen auch kritische Worte ein. Es gibt zwischenmenschlich kaum einen heikleren Punkt als die angemessene

Kritikäußerung und den souveränen Umgang mit Kritik. Wie viele Menschen brechen schier zusammen, wenn sie eine Kritik erfahren. Viele fühlen sich in ihrer gesamten Persönlichkeit infrage gestellt, entwertet. Auch Menschen mit einem offensichtlich großen Begabungspotenzial sind vor diesem unsicheren Umgang mit Kritik nicht gefeit.

! Haben Sie den Mut, Kurskorrekturen vorzunehmen. Es kann eine ordentliche Sperrmüllaktion in Ihrem Leben nötig sein. Vielleicht entdecken Sie, dass Sie schon viel zu lange Dinge tun, die Sie nicht tun möchten, die Ihnen nicht gut tun und andererseits schon viel zu lange Dinge nicht tun und wagen, die schon lange dran sind.

Legen Sie sich in Ihren Vorstellungen nicht zu sehr fest. Wir programmieren Enttäuschungen oft vor oder wagen erst gar nicht neue Schritte, weil wir zu unflexible oder unrealistische Vorstellungen haben. Wer zum Beispiel die ersten Male vor einem Mikrofon steht, um eine Veranstaltung zu moderieren, wird sich nicht gleich wie Sabine Christiansen fühlen, sondern darf sich nicht wundern, wenn die Kehle trocken ist, die Knie zittern und an der einen oder anderen Stelle die Stimme versagt.

Marie von Ebner-Eschenbach sagt: „Wenn die Zeit kommt, in der ich könnte, ist die Zeit vorbei, in der ich kann.“

Durchblicken wir doch unsere Aufschiebetaktik: Wenn die Kinder erst einmal aus dem Gröbsten raus sind, wenn wir erst einmal die größere Wohnung haben, wenn ich erst einmal die Rente durchhabe ... – Gelebt wird doch jetzt.

Fragen, die sich lohnen

? Ertappen Sie sich öfter bei dem Gefühl, eigentlich würde ich ja gern einmal ... – ?

? Gibt es in ihrem Leben einen wiederkehrenden Traum, etwas Bestimmtes auszuprobieren?

? Kennen Sie das Negativ-Gefühl: „Was ich kann, kann doch eigentlich jede"?

6. Grund: „Weil Grenzen helfen"

Warum Nein-Sagen so schwer ist und so viel Gewinn bringt

Kommt es Ihnen bekannt vor?

Britta schält ihren Vierjährigen in der Kindergartengarderobe aus dem Schneeanzug, dabei drückt sie sich unauffällig in die Ecke, um auch ja unentdeckt wieder das Gebäude verlassen zu können. Aber da hat es Britta auch schon erwischt: Die stets engagierte Erzieherin, deren Augen immer überall sind, stürzt auf sie zu: „Gut, dass ich Sie sehe, Frau Bender!" Und mit diesen Worten drückt sie der sich geschlagen gebenden Britta einen Zettel in die Hand: „Die Kuchenliste ist immer noch nicht voll. Eigentlich wäre das ja Sache unserer Elternvertreterin. Aber, na ja, Sie wissen ja ... Bei Ihnen ist das einfach in verlässlichen Händen." Klimper, klimper – warum haben Erzieherinnen nur so ein nettes Lächeln? Wer kann da noch „Nein" sagen? Britta Bender jedenfalls nicht und ehe sie sich versieht, läuft sie dann mit der Kuchenliste von Mutter zu Mutter. – „Warum tue ich das nur schon wieder", denkt sie verzweifelt. Hatte sie sich für heute Morgen nicht etwas ganz anderes vorgenommen?

Linda wollte nur noch mal auf einen Sprung in die Stadt, in die netten Läden. Ach, das braucht ihre Seele jetzt einfach, sie will ja nur ein wenig herumstöbern. Ja, ja, ihr Kontostand ist ihr bewusst. Aber was sehen ihre verzückten Augen dort gerade vor ihrer Nase hängen? Solch eine zauberhafte Bluse zu diesem günstigen Preis. Das wäre ja eine Schande, da nicht zuzugreifen! Und schon klingelt im Laden die Kasse. Noch gehört ja Linda auf keinen Fall zu diesen Menschen, die dreißig Paar Schuhe im Regal stehen haben. Naja, nicht ganz jedenfalls …

Marion ist nach langjähriger Kinderpause und Aufbaustudium in den Beruf eingestiegen. Die erste Adventszeit naht, und Marions Familie ist zunehmend irritiert: Die Mama und Ehefrau funktioniert nicht wie gewohnt, nichts ist wie in den vergangenen Jahren und doch wohl wie zu Recht erwartet: Der adventliche Fensterschmuck ist längst nicht so üppig wie gewohnt, das Plätzchenbacken fällt aus, und wann gab's eigentlich das letzte gemütliche Adventsstündchen?

„Meine Familie hat schnell reagiert und mir prompt ein schlechtes Gewissen gemacht. Und mein Problem ist: Ich habe es auch. Dabei weiß ich ganz genau, dass es jetzt nicht anders geht." Marion ist ratlos.

Die drei Beispiele zeigen, wie variantenreich sich die Schwäche des Nein-Sagens und des Vermögens, sich – wo nötig – abzugrenzen im alltäglichen Leben zeigt.

Gewinneffekte

Egal, ob wir beim Blusenkauf wie Linda nicht widerstehen können oder Bitten anderer Menschen auch entgegen unserem Willen entsprechen wie Britta oder andere

Menschen einfach so in unser Leben eindringen lassen – die Vorteile liegen auf der Hand: Man kommt in den Genuss eines kurzen Lustgewinns und erfährt eine bestimmte Form der positiven Zuwendung. Und ... viele suchen nach Menschen, bei denen man abladen kann, und die Wirtschaft blüht auf durch Menschen, die Dinge kaufen, die sie nicht brauchen.

Und außerdem gilt es zu bedenken: Wir leben alle davon, dass Menschen nicht nur „Nein" sagen, sondern eben auch mit anpacken. Nicht immer nach dem eigenen Nutzen fragen, berechnend leben, sondern auch etwas von sich preisgeben. Aber wo ist die Grenze?

Verlustzone

Übergriffiges Verhalten anderer abzuwehren, Grenzen zu ziehen – alle Bereiche des Lebens fordern dazu heraus: Die Familie (auch die Herkunftsfamilie!), der Beruf, die Medien, Konsumerwartungen ...

Wer immer wieder Dinge zulässt, die er eigentlich nicht möchte, oder spürt, dass er manches nur sehr widerwillig tut und Gedankenspielen Raum gibt, sollte sich prüfen, ob bestimmte Signale nicht ein Zeichen dafür sind, dass es bei ihm einen Nährboden gibt für emotionale Abhängigkeiten.

Menschen, die schlecht „Nein" sagen können, spüren ihre Grenzen grundsätzlich schwerer (physisch und psychisch). D.h. sie erleben Grenzüberschreitungen in ihrem Leben, hinein in ihre Zeit, vielleicht sogar in ihre Lebensplanung, vielleicht sogar Übergriffe auf ihr Frausein.

Vieles hängt zusammen mit dem Grad einer eigenen gesunden Selbstwahrnehmung.

Entwicklungsmöglichkeiten

Ähnlich wie im Kapitel „Erwartungen" (Kapitel 1) beschrieben, brauchen viele Frauen wahre „Mut-Anfälle", um sich erst einmal selbst in den tiefsten Gedanken, Gefühlen und Wahrnehmungen zu erspüren. Jeder, jede von uns braucht

! Mut zum „Nein"-Sagen
! Mut zum „JA"-Sagen
! Mut, das Diktat des schlechten Gewissens zu durchschauen (s. 7. Kapitel)

Durchforsten Sie Ihren Alltag!

Beschreiben Sie die Lebensbereiche, in denen Sie stehen, die Beziehungsgeflechte, die Ihr Leben bestimmen. Nehmen Sie sich jetzt einfach einmal einen Stift und Zettel zur Hand und notieren Sie:

Welche Menschen, Gruppen, Dinge brauchen meine Energien, binden meine Kräfte, wecken meine Sorgen und Gedanken, verbrauchen mein Geld und meine Zeit – zunächst einmal ganz ohne zu werten, ob Sie das positiv oder negativ finden.

Es ist erstaunlich, wie lang solch eine Liste wird.

Und nun machen Sie einen zweiten Durchgang und überlegen sehr konkret, an welchen Stellen Sie eigentlich gern den Rotstift ansetzen möchten.

Am besten stehen Sie jetzt einfach auf und suchen in Ihrem aufgeräumten Haus einen Rotstift und los geht's.

Wir kreisen immer wieder um diese große Sehnsucht, geliebt, anerkannt, wertgeschätzt zu sein. Fragen Sie diesmal etwas genauer bei sich nach:

Worauf beruht mein Selbstwert? Wie stark brauche ich ..., wie abhängig bin ich von ...?

Unabhängigkeit bedeutet aber nun andererseits nicht: Ich habe mit den anderen nichts zu tun! Das ist nicht gemeint. Und das würde einsam machen.

Ein solcher Schritt in ein neues Bewusstsein kann bedeuten, sein Leben einer ordentlichen Entmüllungsaktion zu unterziehen. Und das kann durchaus etwas Befreiendes sein – nicht anders als bei einer üblichen Haushalts-Entmüllungsaktion!

Wie das bei anderen Frauen aussieht, in ein neues Bewusstsein zu finden – hier ein Beispiel:

Maria, eine Frau, die nicht mehr einfach „funktioniert"

Kennen Sie die wunderbar aufregende Geschichte der beiden ungleichen Schwestern Maria und Martha (ich verrate Ihnen, sie gehört zu meinen Lieblingsgeschichten in der Bibel, Lukasevangelium, Kap. 10, Verse 38-42)? In wenigen Federstrichen will ich sie Ihnen vor Augen malen:

Jesus, der große Lehrer besucht mit seiner Freundesgruppe das Haus von Maria und Martha. Martha weiß genau, was von ihr als Gastgeberin erwartet wird. Sie stellt überhaupt nicht infrage, was für sie und ihre Schwester zu tun ist: Die Gäste sollen in den vollen Genuss orientalischer Gastfreundschaft kommen. Da heißt es „Ärmel hochkrempeln und ran an die Kochtöpfe". Während Martha rührt und mengt, hat sie aber noch Zeit zu bemerken, dass ihre Schwester Maria nicht zur Stelle ist. Sitzt sie doch tatsächlich zu Füßen des großen Lehrers und lauscht seinen Worten! Skandal – tut sie doch etwas, was wahrlich den Männern vorbehalten ist. Na warte! Wie kann man nur so aus der Rolle fallen?!

„Jesus!" Mit funkelndem Zorn in den Augen steht Martha vor Jesus und bittet ihn um seine Unterstützung: „Bitte sag meiner Schwester, was sie zu tun hat, was ihre Rolle ist, wo ihr Platz ist! Schick sie zu mir in die Küche!"

Und wie reagiert Jesus? Er sagt etwas unglaublich Provokantes, etwas, womit er in jener Situation alle Grenzen damaliger Rollenerwartungen an Frauen sprengt. Das klang dann ungefähr so:

„Respekt, Respekt, Martha, dein Fleiß sei dir unbenommen. Aber Maria hat richtig entschieden, sich jetzt Zeit für meine Worte, meine Botschaft zu nehmen."

Frauen des 21. Jahrhunderts können kaum nachempfinden, wie radikal nonkonformistisch sich Maria verhalten hat. Und wie wenig Jesus den Rollenerwartungen eines Mannes entsprochen hat.

Der notwendige Maria-Mut

Wenn ich nicht nur gewohnte Wege laufen will, wenn ich meinem Leben Tiefgang geben will, immer und immer wieder neu, dann brauche ich den „Maria-Mut". Maria hatte den Mut, aus der Rolle zu fallen, sich so zu verhalten, wie es keiner von ihr erwartet hatte, um weiterzukommen, Fortschritte zu machen, Veränderungen zu erfahren.

Vielleicht hat sie dafür Ängste überwinden müssen, vielleicht haben ihr die Knie gezittert, vielleicht hatte sie in ihrem Kopfkino schon die entsprechenden Bilder und Texte: „Was wird wohl Martha dazu sagen". Vielleicht? – Ich bin mir ziemlich sicher, dass sie Herzklopfen hatte, aber sie hat's getan. Und wissen Sie was: Bestimmt hatte sie erst einmal ein schlechtes Gewissen, denn dafür sind wir Frauen Spezialistinnen.

Und trotzdem – Maria wagt den ersten Schritt.

Dieser erste Schritt war in der Lebenssituation der Maria ein ziemlich großer Schritt: Sie wusste, was dran war für sie. Oder gehen wir einen Gang zurück, vielleicht hatte sie auch nur eine zaghafte Ahnung. Ob es Jesus war, dessen Einfluss ihrem mutigen Schritt Kraft gab? Was für eine Perspektive für jede Frau: In der Nähe von Jesus, in seinem Einflussbereich kann ich die Dinge wagen, die dran sind. Auch wenn ich zunächst vielleicht sehr aufgeregt bin dabei.

Bei einer Frau klebte am Spiegel dieser fantastische Satz: „Wer keine Angst hat, kann auch nicht mutig sein."

Keine Frage: Wenn wir uns verändern, erfüllen wir nicht mehr die vertrauten Erwartungen. Veränderungen in unserem Verhalten werden Ängste hervorrufen, Verlustgefühle können aufkommen. Bei uns selbst, bei den Menschen, die uns vertraut sind.

Maria tat den entscheidenden Schritt und wagte den Ausbruch aus einer Art Selbstwert-Lüge: Ich bin das, was andere von mir sagen. Diese Selbstwert-Lüge ist ein Motor, immer und immer wieder fraglos die Erwartungen anderer zu erfüllen.

Fragen, die sich lohnen

- ? Warum tue ich etwas (welche Ideale und vermeintlichen Zwänge sind meine Antreiber)?
- ? Warum tue ich etwas nicht?

Achtung: Diese beiden Fragen sind nur scheinbar banal; sie bergen erstaunlichen Zündstoff!

7. Grund: „Weil ich mir mein schlechtes Gewissen für passendere Gelegenheiten aufheben will …"

Warum es manchmal nötig ist, das Programm zu wechseln

Kommt es Ihnen bekannt vor?

Das Telefon klingelt. Sonjas Schwägerin ist am Apparat. Sie ist eine Frau ohne viel Schnörkel und kommt deshalb schnell auf den Punkt: „Ich hab von deinem Mann gehört, dass ihr ein Ehewochenende geplant habt. Ich gönn's euch ja von Herzen, aber ist euch denn überhaupt nicht aufgefallen, dass unsere Schwiegermutter genau an dem Samstag Geburtstag hat!? Dein Ralf schien irgendwie aus allen Wolken zu fallen, als ich ihn dezent drauf hinwies. Naja, Männer … Also, das könnt ihr Schwiegermama nicht antun …"

Sonjas Nackenhaare sträuben sich. Ralf – ihr feiger Mann. Natürlich war ihnen beiden bei den Planungen die

Terminkollision klar. Aber sie hatten schon seit halben Ewigkeiten solch ein kinderloses Wochenende hin- und hergeschoben, aber immer wieder kam etwas dazwischen. Und genau dieses Wochenende passt – die Kinder sind untergebracht, es sollte doch das erste kinderfreie Wochenende seit einer viel zu langen Zeit werden. Aber ehe Sonja weiß, was sie tut, hört sie sich sagen: „Mensch, du hast ja Recht, da haben wir echt was verplant, keine Ahnung wie uns das passieren konnte." Und als sie den Hörer auflegt, ist sie auch gar nicht wütend, sondern hat wirklich ein schlechtes Gewissen: „Hätten wir wirklich Schwiegermama an ihrem Geburtstag allein gelassen."

Stefanies Jüngster hätte die Schule von sich aus bestimmt nicht erfunden. Zum Glück behält Stefanie den Überblick über den Zustand seiner Hefter, die Tiefen seiner Schulmappen, den Terminplan der anstehenden Klassenarbeiten. Im Zweifelsfalle vergewissert sie sich bei anderen Müttern, wann „wir" denn das nächste Diktat schreiben. Jetzt hält Stefanie die letzte Englischarbeit ihres Sohnes in den Händen. Eine glatte Fünf. Hätte sie es sich doch denken können, dass es schief geht, wenn sie mitten in der Schulzeit eine Woche zu einer alten Schulfreundin fährt. Ihr Mann hatte sie beruhigt und versprochen, alles in der Familie im Blick zu haben. Lange To-do-Listen hatte Stefanie angelegt – und nun war es doch schief gegangen. Sie hätte sicherlich viel gründlicher als ihr Mann mit ihrem Sohn geübt.

Und schon meldet sich wie ein Steh-auf-Männchen das schlechte Gewissen bei Stefanie.

Linda hat sich auf einen entspannten Abend gefreut. Einfach mal abhängen und ein schönes Video gucken. Als das Telefon klingelt, überlegt sie ein paar Sekunden, nicht dranzugehen. Aber das bringt sie auch sonst nie über das Herz und hat immer das Gefühl, etwas Verbotenes zu tun, wenn sie einmal etwas „Schönes" vorhat ... also greift sie seufzend zum Hörer und weiß schon in der Sekunde, als sich ihre Freundin Karen am anderen Ende meldet, dass ihr entspannter Abend heute in den Telefonhörer fällt. Jetzt wird ihr Karen eine Stunde lang wieder etwas über ihre komplizierte Ehegeschichte erzählen. Eigentlich kennt sie alle Details, denn in großer Regelmäßigkeit schüttet sie ihr Frustfass bei Linda aus. Linda hat schon lange das Gefühl, dass Karen sie nur zum Dampfablassen benutzt. Eigentlich ist ihr klar, wie sie mit ihr umgehen müsste: „Bitte, Karen, sag mir, was sind deine nächsten Schritte, was willst du verändern?", und wenn sich die Freundin – die nur dann als „Freundin" auftaucht – sich wieder meldet, genau so ins Gespräch einzusteigen: „Karen. Warte mal. Sag erst mal: Was hast du in den letzten Wochen konkret unternommen?"

Aber das kann Linda einfach nicht, das kommt ihr so kaltschnäuzig, so lieblos vor. Und Karen hat doch sonst keinen Gesprächspartner (denkt Linda und ahnt nichts von den diversen anderen Telefonpartnerinnen Karens).

Gewinneffekte

Ist Ihnen schon einmal aufgefallen, dass die Sache mit dem schlechten Gewissen bei den meisten Frauen so viel „besser" funktioniert als bei den meisten Männern? Vielleicht liegt es an dem größeren Harmoniestreben und dem inneren Ausgerichtetsein der Frauen auf Beziehungen, dass das schlechte Gewissen manchmal scheinbar auf Knopfdruck („du müsstest, du könntest, du hast doch nicht etwa, ist es dir vielleicht möglich, dass ...") aufleuchtet.

Der Gewinn für die anderen liegt auf der Hand (vgl. Henry Cloud, John Townsend, Nein sagen ohne Schuldgefühle. Wie man sich gegen Übergriffe schützt, 6/2001, Holzgerlingen S. 24):

+ „Schlechte-Gewissen-Frauen" sind immer äußerst bemüht: Sie backen Kuchen, räumen nach dem Gemeindefest auf, verpassen keinen Elternabend, bringen noch schnell den Anzug des Mannes in die Reinigung, der Chef kann auch schon einmal eine ordentliche Portion extra auf den Schreibtisch legen ...

+ „Schlechte-Gewissen-Frauen" hassen Zurückweisung in jedweder Form und sind deshalb gepolt auf „vorauseilenden Gehorsam". Das ist für die Nächsten eine sehr angenehme Seite, denn sie kommen in den Genuss von zuverlässigen, pflichtbewussten Menschen. Auf Frauen, deren schlechtes Gewissen schnell anspringt, ist einfach Verlass. Und es ist ohne Zweifel für das Zusammenleben sehr erleichternd, auf solche Verlässlichkeit bauen zu können.

+ „Schlechte-Gewissen-Frauen" funktionieren und denken für andere mit. Sie sind stark abhängig von den Gefühlen anderer und machen deren Probleme zu ihren Problemen. Wie bequem. Für die Anderen. Es ist wirklich angenehm, im Windschatten solch überfunktionierender Menschen zu fahren.

Verlustzone

Menschen, die ständig Aufgaben übernehmen, übernehmen sich.

Viele Menschen werden von der Sehnsucht getrieben, alles richtig machen zu wollen, sagen die Autoren Henry Cloud und John Townsend (ebd. S. 23) Durch diese innere Triebfeder übernehmen sie immer wieder in der Familie, Verwandtschaft, Gemeinde, Beruf usw. Aufgaben – auch Beziehungsaufgaben –, die sie auf Dauer überfordern. Ein inneres Ausgebranntsein, eine Leere, aber auch sich anstauender Groll und Bitterkeit („Warum eigentlich immer ich?“) sind fast unausweichliche Folgen.

Entwicklungsmöglichkeiten

Es braucht Offenheit sich selbst und anderen gegenüber, Klarheit über die Aufgaben zu bekommen, die wir in den jeweiligen Lebensphasen übernehmen sollen.

Zupackend – ja, bitte. Verlässlich – ja, bitte. Freundlich – ja, bitte. Verantwortlich – ja, bitte. Damit keine Missverständnisse entstehen: All dies soll nicht über Bord geworfen werden, wenn wir uns fragen, was ist eigentlich „dran“, für welche Verantwortungsbereiche zeichne ich mich verantwortlich, welche Beziehungsarbeit will ich leisten.

Konkret kann dies für die eine Mutter bedeuten, dass es (s.o.) gerade unverantwortlich ihrem Sohn gegenüber ist, ihm so dicht auf den Fersen zu sein und seine Unselbstständigkeit und Lethargie zu fördern.

Und für eine andere Frau kann es andererseits nach einem Prozess ernsthafter Selbstprüfung, nach Gesprächen mit Lehrerinnen und Freundinnen richtig sein, ihrem Kind bewusst eine besondere Aufmerksamkeit zukommen zu lassen, weil es sie aus verschiedenen Gründen braucht.

Alles richtig machen zu wollen (s.o.), dieser Anspruch ist ein tückischer Antreiber. Etwas zu tun, um dafür geliebt zu werden, ist ein schlechtes Programm.

Welch eine unglaubliche Erleichterung kann da der Glaube an Jesus bedeuten. Die Beziehung zu dem Jesus, durch den Gott die Menschen anschaut und Liebe ohne Wenn und Aber schenkt. Die Nähe bei Jesus, durch den Gott den Menschen zuspricht: Es ist schon zurecht gebracht. Jesus hat dein Leben geordnet (s. Kapitel 10).
In diesem Sinn kann Glaube helfen, ein falsch funktionierendes schlechtes Gewissen zu entlarven.

Fragen, die sich lohnen

? Welche Menschen, welche Situationen erzeugen bei mir schnell ein schlechtes Gewissen?

8. Grund: „Weil ich endlich sage, was ich denke ..."

Warum klare Worte und klare Gedanken zusammengehören

Kommt es Ihnen bekannt vor?

Gabi kommt mit ihrer Familie aus einem erholsamen Sommerurlaub zurück. Schon während der letzten hundert Kilometer auf der Autobahn beschleicht sie ein Gefühl der Unruhe: „Könnte mich wieder das Gleiche erwarten wie im vergangenen Jahr?" Tatsächlich! Auf ihre Schwiegereltern ist doch wirklich Verlass: Sie haben das schöne Haus nicht nur vor Feuer, Hagel, Sturm und Wassereinbruch während der Abwesenheit „ihrer" Kinder bewahrt, sondern so ganz nebenbei auch nach dem Rechten gesehen: Da wurden flugs ein paar Blumenstauden umgepflanzt, der Kleiderschrank im Schlafzimmer schrie ja wohl geradezu nach einer ordentlichen Aufräumaktion ... – Komisch nur, dass bei Schwiegertochter Gabi so gar keine Freude aufkommt. Aber auch sonst kommt kein Laut über ihre Lippen. Auch Tage später kann Gabi zwar kaum ihren Zorn bändigen, aber auch nicht mehr; offene Worte kamen nicht über ihre Lippen.

Für das Gespräch mit der Lehrerin ihres zehnjährigen Sohnes hatte Yvonne sich gut gewappnet. Sie hatte um einen Termin gebeten, nachdem es immer wieder Eintragungen ins Mitteilungsheft von Seiten der Lehrerin gab. Aber schon die ersten Sekunden bei der Begrüßung lassen Yvonnes Vorhaben wie Butter in der Sonne schmelzen. Die Klassenlehrerin ihres Sohnes hat so ein selbstsicheres Auftreten, dass sie sich immer wie eine Versagerin, ja, als schlechte Mutter vorkommt. Es fällt ihr so schwer, die richtigen Worte zu finden.

Gewinneffekte

Schon in der Schule war der Vorteil offensichtlich: Der Rücken des Vordermannes war breit, dahinter konnte man sich gut wegducken. Nur nicht auffallen. Immer ohne klare eigene Meinung (zumindest nicht ausgesprochen), nach dem Motto: Wer nichts riskiert, der nichts verliert. Sollen sich doch die anderen den Mund verbrennen. Das ist das Motto des Schweigers, desjenigen, der lieber andere für sich reden lässt.

Die Angst, etwas Falsches zu sagen, ist für manche Menschen größer als die vor der unangenehmen und unwürdigen Erfahrung, sich im Grunde dauernd zu „verstecken“. Der Gedanke „Wer gar nichts sagt (oder macht), sagt (oder macht) auch nichts Verkehrtes“ scheint zunächst Sicherheit zu geben.

Verlustzone

Es gehört zur Selbstachtung, dass wir uns selbst immer wieder positionieren: Was ist mir eigentlich wichtig, wofür möchte ich mich einsetzen und mich riskieren? Wer anderen beim Reden immer den Vortritt lässt und nicht zu seinen Überzeugungen steht, verliert sich selbst aus dem Blick. Sich selbst, das bedeutet: die eigenen Ziele, Bedürfnisse und Wünsche. Für sich selbst und für die, die einem nahe stehen oder anvertraut sind.

Die Offenheit, in konfliktträchtige Situationen hineinzugehen – statt sich zurückzuziehen – erfordert Mut, und die Angst vor Ablehnung (das heißt vor Liebesverlust) muss überwunden werden. Schon der Rahmen von Beruf oder Familie bietet dafür ein großes Übungsfeld:

- Schon wieder ist Ihnen im Büro eine Arbeit aufgebrummt worden, vor der sich die Kollegin erfolgreich drückt. Also, ein Seufzer, und nichts wie ran … oder?
- Wie ist der Tisch doch „lieber schnell“ von frau selbst abgedeckt, anstatt die Kinder zurückzupfeifen und sich wieder auf Diskussionen über ihre Pflichten einzulassen.
- Wie mühsam und oft schmerzhaft ist es, Vereinbarungen und Grenzziehungen bei pubertierenden Kindern durchzuhalten. Schweigen und „Darüberweg-schauen“ ist scheinbar einfacher und schützt vordergründig vor „Liebesentzug“, hilfreich ist es aber für keinen der Beteiligen.

Entwicklungsmöglichkeiten

Vielleicht ist es zunächst ein ganz wichtiger Schritt für Sie, diesen Satz zu Ihrem eigenen inneren Satz zu machen: „Ich habe etwas Wichtiges mitzuteilen!"

Wie kommt dieser Satz bei Ihnen an?

Vielleicht erzeugt er in Ihnen erst einmal unangenehme Assoziationen an „Mr. Wichtig", eben an den Typ Mensch, vorwiegend männlich, der immer und zu jedem Zeitpunkt seinen Senf abgibt. Vielleicht haben Sie es in Ihrem Leben auch schmerzlich erfahren, im Gespräch an die Wand gedrückt oder gar bloßgestellt worden zu sein?

Ein weiterer wichtiger Lernschritt ist, endlich damit aufzuhören (auch dies geschieht nicht auf Knopfdruck, sondern kann ein längerer Prozess sein), darüber zu grübeln, was andere über einen denken (und zur Beruhigung: Dass andere das tun, geschieht viel weniger, als unsichere Menschen denken). Ständig mir zu überlegen, was andere über mich denken, denken könnten – das macht mich innerlich und äußerlich unfrei. Und es macht gewissermaßen „klein", was Gott Gutes über mich denkt und für mich im Sinn hat.

Probleme zu erspüren, zu benennen und zu lösen, dazu hilft das richtige Konfliktmanagement. Denn hinter vielen Problemen verbergen sich Konflikte.

Hierzu einige Tipps, und zwar für das Verhalten in konfliktträchtigen Gesprächen:

- ! Atmen Sie tief durch, so schaffen Sie sich die nötige innere Distanz zur Situation.
- ! Stellen Sie offene Rückfragen, z. B.: „Habe ich dich richtig verstanden, dass …", „Bist du verletzt, weil …?"

! Grenzen Sie sich aber auch klar gegen übergriffiges Gesprächsverhalten des Gegenübers ab. Sagen Sie z.B.: „Das habe ich ganz anders erlebt“ oder „Darüber werde ich jetzt nicht mit dir sprechen …“
! Steigen Sie früh genug aus einer eskalierenden Gesprächssituation aus, etwa mit dem Satz: „Wir unterbrechen jetzt besser unser Gespräch. Bitte lass uns morgen weiterreden …“

Und hier die wichtigsten Kommunikationsregeln für klare Kommunikation – in allen Lebensbereichen:

! Ich verschaffe mir (zunächst für mich selbst) immer wieder Klarheit über das, was mich bewegt, was ich denke, was mir wichtig ist.
! Ich vermittele dies meinem Gegenüber in klaren Ich-Sätzen.
! Ich vermeide Verallgemeinerungen (Immer, nie …)
! Ich versuche den anderen zu verstehen, indem ich aufmerksam zuhöre.
! Ich vergewissere mich, ob ich den anderen richtig verstanden habe.

Kommunikation ist ein ständiger Lernprozess. Versuchen Sie so selbstkritisch wie möglich Ihre Kommunikation mit den genannten Regeln zu prüfen. Sie werden feststellen: Klares Reden, gutes Zuhören, eindeutiges Nachfragen entspannt die Gespräche und bringt Zufriedenheit!

Ein guter Prüfstein für gelingende Kommunikation ist auch der aktive und passive Umgang mit – konstruktiver! – Kritik.

Nörgeln und Losplatzen, wenn das Fass überläuft, sind zwar geläufige Umgangsformen, haben aber mit konstruktiver Kritik wenig zu tun. Konstruktive Kritik vergisst die genannten Kommunikationsregeln nicht, beginnend mit Regel Nummer 1 …

Es geht um das Lernen von Offenheit, Echtheit. Auch um die Fähigkeit, positive Rückmeldungen zu geben.

9. Grund: „Weil ich mich entscheiden muss und das auch will"

Warum wir unser Leben nicht verlängern, aber vertiefen können

Kommt es Ihnen bekannt vor?

Eigentlich müsste Elkes Tag drei Zusatzstunden bekommen, mindestens drei Zusatzstunden – jedenfalls ist das ihr Grundgefühl. Elke hat nach erfolgreich abgeschlossenem Lehramtsstudium noch während ihrer Ausbildungsphase ihren Hannes geheiratet und vor dem zweiten Examen ihr erstes Kind bekommen. Gutes Timing und Organisationsvermögen scheinen ihr in die Wiege gelegt zu sein, außerdem war Klein-Hanna ausgesprochen pflegeleicht. Man höre und staune – jetzt hat sie drei Kinder, sie arbeitet mit zwar reduzierter Stundenzahl, aber voller Elan. Die Unterrichtsvorbereitung geschieht am Abend, manchmal auch in den Nachtstunden. Mit eiserner Disziplin hält sie sich die Nachmittage ganz für ihre Kinder frei, begleitet sie bei den Hausaufgaben, fährt sie zu diversen Sport- und Musik-Aktivitäten. Selbst hält sie sich in ihrer wöchentlichen Jazzgymnastikgruppe fit. Letzte Woche wurde sie von ihrer Schulleiterin angesprochen. Die bat sie eindringlich, doch die Langzeitfortbildung „Anti-Aggressionstraining" mitzumachen – zweimal in der Woche nachmittags. Was für ein verlockendes Angebot! Aber wollte sie nicht auch ihre Geige entstauben, die seit dem Studium auf dem Schrank liegt? In der Schule gibt es ein Lehrer-Schüler-Eltern-Orchester. Klar, sie müsste dafür intensiv üben. Aber schon die Vorstellung – einfach toll!

Eigentlich fühlt sich Elke wohl in ihrer Haut, auch wenn sie manchmal ganz schön genervt ist und Hannes seine Frau manchmal mitleidig anschaut … oder täuscht der Eindruck? Gut, dass er die Gelassenheit in Person ist.

Nein, Elke hätte – ganz klar! – überhaupt keine Veranlassung, in die Gruppe der „Anonymous Superwomen" einzutreten, außerdem gibt's die in Deutschland noch nicht. Wohl aber in den USA.

Dort treffen sich Frauen, die lange Zeit scheinbar spielend den alltäglichen Spagat bewältigen, in der – selbstverständlich möglichst erfolgreichen – Berufstätigkeit aktiv und daneben immer fit, schön und gestylt, die Supermutter und liebevolle, aufmerksame Ehefrau zu sein.

„Manchmal finde ich mein Leben zum Kotzen", wird eine Teilnehmerin zitiert, die angefangen hat, ihr „Bauchgefühl" ernst zu nehmen. Und tatsächlich ist die Essstörung Bulimie in den Gruppen eine häufig diagnostizierte Erkrankung.

Gewinneffekte

Wir leben in Zeiten, die durch Frieden, Freiheit, durch in vielen Bereichen tragende Gleichberechtigung und dadurch aufgelöste Rollenfixierungen für uns Frauen große Auswahlmöglichkeiten auf so vielen Gebieten des Lebens präsentieren – ein buntes, vielfältiges Lebensangebot. Wir haben eine große Entscheidungsfreiheit!

Verlustzone

Eine junge Frau drückte das „Ich-will-alles ... – nur-nichts-verpassen"-Lebensgefühl in einer im Frauen-Magazin Allegra dokumentierten (ALLEGRA 5/2001) Talkrunde so aus: „Durch die vielen Möglichkeiten, die man heute hat, will man viel zu viel wahrnehmen – und behindert sich selbst. Manchmal macht man Dinge, die man gar nicht richtig will, nur um nichts zu verpassen ...". (vgl. Kapitel 4, S. 33)

Die Kehrseite der vielfältigen Lebensoptionen ist eine um sich greifenden Gehetztheit und Reizüberflutung. Nicht schnell festgelegt zu werden, das schafft die Atmosphäre für eine allgemeine „Ich lege mich am besten gar nicht fest"-Lebenshaltung. Partnerbeziehungen, Freundschaften, Gemeindezugehörigkeiten geraten in diesen Strudel der Unverbindlichkeit und Unzuverlässigkeit. Ein Strudel, der nach unten zieht.

Entwicklungsmöglichkeiten

„Wir können unser Leben nicht verlängern und nicht verbreitern, wir können es nur vertiefen" (Verfasser unbekannt). Viele Menschen versuchen dagegen verzweifelt, ganz viel in ihr Leben hineinzupacken; Leben soll scheinbar eben doch verbreitert werden. Dabei sind viele von uns in ihrer vermeintlichen Freiheit, die die Aufweichung der Rollenzuweisung ohne Zweifel gebracht hat, doch so erschreckend oft fremdbestimmt. „Früher trugen Frauen Korsetts, heute halten sie Diät", so karikierte z.B. eine Frau in einer Frauengesprächsrunde den herrschenden Schlankheitswahn.

Die Multioptionsgesellschaft produziert so viele Erwartungen bei den Menschen, weil sie so viele Möglichkeiten bietet, so beklagt die Psychotherapeutin Verena Kast: „Wenn fast alles machbar ist, muss es auch gemacht werden." (Verena Kast, Aufbrechen und Vertrauen finden. Die kreative Kraft der Hoffnung, Freiburg, 2002, S. 58)

Wie nötig ist es also, die Fähigkeit zu schärfen, für sich selbst zu erkennen, was man eigentlich will, was gut tut, was den eigenen und familiären Möglichkeiten entspricht!

Sonst ist die Gefahr groß, dass man tut, was man eben so tut, oder eben unglücklich zu sein, weil man sich „abgehängt" fühlt.

Eine Erfahrung vieler Frauen um die fünfunddreißig, vierzig:

Die Zeit in und nach der Lebensmitte ist eine besonders gute Zeit, noch einmal genau hinzuschauen, was jetzt „dran" ist.

Rechnen wir eigentlich damit, dass Gott in jeder Lebensphase etwas Neues für uns bereithält?

Altes zurückzulassen, die Erwartung unentdeckten Landes, das kann von der Angst, zu kurz zu kommen, befreien.

Leben heißt Entscheidungen treffen. Lebensqualität wächst mit der zunehmenden Gelassenheit – also in der Fähigkeit loszulassen, mit der Erfahrung, in der Reduzierung Tiefgang zu erleben.

Eben: „Wir können unser Leben nicht verlängern und verbreitern, wir können es nur vertiefen!“

In der Lebensmitte macht sich bei vielen Menschen auch die Ernüchterung breit. Menschen werden sich der Nicht-Ereignisse ihres Lebens bewusst. „Nicht-Ereignisse sind Enttäuschungen, nicht erfüllte Erwartungen, geplatzte Lebensträume – oft nicht ein Drama, sondern stille Tragödien.“ (Psychologie heute, 10/97, S. 24)

Es ist also von großer Bedeutung, sich der Lebensenttäuschungen bewusst zu werden: „Die Trauer über das nicht Mögliche eröffnet neue Möglichkeiten.“ (Kast, ebd., S. 65)

„Wie der Hirsch lechzt nach frischem Wasser, so schreit meine Seele, Gott zu dir. Meine Seele dürstet nach Gott, nach dem lebendigen Gott.“ (Psalm 42, Vers 2, 3a)

Beeindruckende Worte, vor über 2500 Jahren gesprochen, gebetet – und sie rücken so dicht an uns heran:

Hinter der Angst, etwas zu verpassen, kann diese tiefe Ursehnsucht stecken, wie sie in dem Psalmwort zum Ausdruck kommt, die Sehnsucht nach dem Eigentlichen, dem Sinn des Lebens. Nutzen wir die Signale – zu unserem Besten!

Fragen, die sich lohnen

- ? Leben heißt, immer wieder vor Entscheidungen zu stehen. Kenne ich die „inneren Stimmen“, die mich bei Entscheidungen beraten?
- ? Bin ich neugierig auf das, was vor mir liegt?

10. Grund: „Weil wir alle erwartete Frauen sind“

Warum wir es Gott nicht „recht machen“ müssen

Kommt es Ihnen bekannt vor?

Rebekka ist eine Frau, die seit jeher durch ihr Leben stolperte und immer das Gefühl hatte: „Ich erfülle überhaupt nicht die Erwartungen, die andere an mich haben. Wer bin ich überhaupt?“

Schon ihre Geburt begann für alle Beteiligten mit einer Enttäuschung: „Nur ein Mädchen!“ Verachtung und Ablehnung ist das harte Brot ihrer Kindheit. Ihre Seele bekommt Risse. Von Männern erfährt sie von klein auf Ablehnung. Aber es sind auch Männer, an die sie sich als Frau immer wieder mit allen Fasern ihres Herzens hängt. So ist das wohl: Menschen mit ausgedörrten Seelen erwarten so viel von einer Beziehung, einer Partnerschaft und programmieren das Scheitern vor. Rebekka scheitert jedes Mal. Fünf, sechs Männer kommen und gehen durch ihr Leben und hinterlassen Narben auf ihrer Seele. Nun ist sie ausgebrannt. Sie erwartet nichts mehr von ihrem Leben, erwartet im tiefsten Inneren nichts mehr von Beziehungen zu anderen Menschen. Ja, sie meidet in ihrem Ort sogar den Kontakt. Ganz unüblich für eine Frau aus dem Nahen Osten. So geht sie zum Wasserschöpfen gegen zwölf Uhr mittags zum Brunnen. Bei sengender Hitze und in der Gewissheit, dass sie jetzt allein ist und sich nicht den verächtlichen Blicken der anderen Frauen des Dorfes aussetzen muss.

Aber gerade heute sitzt an dem Brunnenrand ein Mann. Dieser Mann spricht sie an. Nicht so, wie sie das sonst von anderen Männern gewöhnt ist. Er redet so anders. Noch ahnt sie nicht, dass diese Begegnung ihrem Leben eine völlig neue Wendung geben wird:

„Du hast eine schlimme Durststrecke hinter dir. Deine Seele ist verdorrt. Aber das soll nicht das letzte Wort über deinem Leben sein."

Es entspinnt sich ein anregendes, ein aufwühlendes Gespräch, und am Ende weiß Rebekka, mit wem sie es zu tun bekommen hat: Gott selbst ist ihr – in der Person von Jesus Christus – in ihrem Alltag begegnet. Überraschend und unerwartet und mit einer Freudenbotschaft, die ihr Beine macht: „Du bist Gottes geliebte Tochter!"

Nachzulesen ist diese Geschichte im 4. Kapitel des Johannesevangeliums, und sie gehört zu den ungewöhnlichen Frauengeschichten von Jesus. Erinnern Sie sich noch an die andere ungewöhnliche Frauengeschichte von Maria und Martha auf S. 47?

Wir können es nachlesen: Jesus entspricht überhaupt nicht den Erwartungen seiner Zeit, wie er als Mann Frauen zu begegnen und behandeln hatte. Aber nur so konnte er wohl Frauen in ihren Herzen mit dieser umwerfenden Nachricht erreichen: „Du bist wertvoll und von Gott ins rechte Licht gerückt."

Rebekka wurde von Jesus damals in ihrer Arbeit erwartet, mitten in der Mittagshitze. Und so erwartet Gott uns. Begegnungen mit Gott sind oft in unseren Alltag hineingewoben.

Wie jene Frau haben wir alle die tiefe Grundsehnsucht, um unserer selbst willen geliebt zu werden, und nicht, weil wir eine bestimmte Leistung erbringen oder an uns gestellte Erwartungen erfüllen.

Welch eine Einladung, bei Gott auszuruhen und es nicht allen recht machen zu wollen, zu müssen. Henri Nouwen schreibt: „Wir sind zutiefst Geliebte, ehe unsere Eltern, Lehrer, Ehepartner, Kinder und Freunde uns geliebt haben. Das ist die grundlegende Wahrheit unseres Lebens.“ (H. N., Du bist der geliebte Mensch. Religiös leben in einer säkularen Welt, Freiburg, 12/2002, S. 31)

Was ist das für eine Entdeckung, dieses „ehe …“ im eigenen Leben durchzubuchstabieren:

Ehe ich etwas leiste – ich bin geliebt.
Ehe ich eine Erwartung erfülle – ich bin geliebt.
Ehe ich … – ich bin geliebt.

Das ist Lebenselixier pur.

Wir müssen es Gott nicht „recht machen“, sondern sind von ihm ins rechte Licht gerückt. „Rechtfertigung“ heißt dieses große Geschenk. Unser Lebensauftrag ist es, dieses große Geschenk in passende Münze umzusetzen – als Antwort auf dieses große Ja Gottes zu uns:

Du musst es nicht allen recht machen, um geliebt zu werden, aber du kannst mit deinen Möglichkeiten Verantwortung übernehmen.

Du musst nicht perfekt sein, um anderen zu gefallen, aber du darfst mit Freude Aufgaben anpacken.

Du musst dich nicht immer mit anderen vergleichen, aber du kannst deine Begabungen entdecken und entfalten.

... UND NOCH 1/2 GUTER GRUND: „WEIL DER, DER ETWAS WAGT, VIEL GEWINNEN KANN"

Warum es gut ist, gleich einen ersten Schritt zu tun

Jetzt sind Sie dran – keine Angst, dies ist keine Drohung. Das ist eine freundliche Einladung, mit unterwegs zu sein!

Aber wie geht es Ihnen jetzt nach der Lektüre dieses Buches?

Blättern Sie noch einmal zurück. Vielleicht haben Sie hier und dort mit einem Stift etwas unterstrichen. Schauen Sie doch noch einmal nach, bevor Sie dieses Buch in Ihr Regal zu den anderen „Gute-Ratschläge-Bücher" stellen:

- Wo habe ich mich entdeckt, vielleicht sogar „ertappt" gefühlt?
- Was sind die nächsten kleinen, konkreten Schritte, die mir gut tun würden?
- Wie und wo fange ich an?

Deshalb der ½ Grund – warten Sie nicht auf die große Veränderung, sondern haben Sie Mut zu den kleinen, manchmal sehr zaghaften Schritten. Lassen Sie sich herauslocken aus diesem „Eigentlich müsste, sollte, könnte"-Gefühl, hinein in das Bewusstsein „ich kann".

Gewohnte Spuren des Denkens, Redens, Handelns zu verlassen, ist nun wirklich keine leichte Übung. Dafür brauchen wir Training – ein Leben lang. Ich wünsche Ihnen ermutigende Trainingserfolge!

Claudia Filker

10 1/2 gute Gründe
... lieber locker zu bleiben

Zufrieden sein, auch wenn
das Leben nicht perfekt ist

Taschenbuch
ISBN 978-3-7655-4053-0

Locker lassen, locker bleiben – nicht ärgern, nicht nörgeln! Und das, auch wenn mal wieder der Chef drängelt, die Mutter nervt oder der Liebste wieder einmal vergessen hat, was er so oft vergisst.

Aber wie ... wenn wieder mal alles schief zu laufen droht? Die stresserprobte Veranstaltungs-, Familien- und Ehefrau Claudia Filker zeigt in diesem alltagstauglichen Ratgeber, wie es funktionieren kann.

Gewohnt charmant und mit einem Augenzwinkern erfahren Sie hier, wie es gelingt ...

... an Stress-Tagen den Blick-Wechsel zu schaffen
... sich selbst und anderen mit etwas mehr Barmherzigkeit das Leben zu erleichtern und
... ganz nebenbei keine unnötigen Nörgel-Falten zu bekommen

BRUNNEN VERLAG GIESSEN
www.brunnen-verlag.de

Gisela Stübner

Auf dem Weg zu mir

Identität: Wie ich mein
Potenzial entfalte

224 S., Paperback,
ISBN 978-3-7655-1379-4

Sie sind eine „erwachsene Frau“, ein „gestandener Mann“ – aber Sie fühlen sich nicht immer so? Sie wollen nicht länger „unter Ihren Möglichkeiten“ leben? Sie wollen falsche Unsicherheiten und Ängste überwinden? Hier erhalten Sie praxiserprobte Anleitungen, wie Sie es schaffen, Lasten abzulegen und zu einer starken Identität zu finden. Entdecken Sie neue Wege des Denkens, Fühlens und Handelns, und leben Sie im Einklang mit sich selbst!

BRUNNEN VERLAG GIESSEN
www.brunnen-verlag.de